Christelle Huet-Gomez

# Zauberkuchen

Fotos von Valéry Guédes
Styling von Marlène Dispoto

Jan Thorbecke Verlag

# Inhalt

# Was ist ein Zauberkuchen?

## Was bietet der Zauberkuchen, dass er diesen Namen verdient hat?

Ein Zauberkuchen besteht schlicht aus Eiern, Zucker, Mehl, Butter und Milch.

Was also ist daran „zauberhaft"? Während die Zutaten keineswegs ungewöhnlich sind, ist es die Backart, die den Zauber bewirkt. Der Kuchen, dessen Teig sehr flüssig ist, teilt sich von selbst in drei von einander abgegrenzte Lagen mit jeweils eigener Textur und Geschmacksnote:

– die unterste Trägerschicht ist ein süßer, fester Pudding (Flan);

– eine aromatische, leichte Creme nimmt die Mitte ein;

– als Decklage setzt sich ein luftiger Biskuit ab.

## Aber wie ist eine so ungewöhnliche Schichtung möglich?

Die Eigelbe, mit Zucker, Butter, Mehl und Milch aufgeschlagen, bilden die beiden unteren Schichten des Zauberkuchens: Pudding und Creme. Letztendlich ist es die langsame Backweise bei 150°C, die es möglich macht, dass der Kuchenboden, also die Puddingschicht, gebacken wird, ohne die zweite Lage zu garen, die auf diese Weise ihre cremige Textur behält. Für diese Backweise eignet sich ein Backofen mit Ober- und Unterhitze besser als mit Umluft. Schließlich sorgt der Eischnee dafür, dass der Biskuit die oberste Lage bildet, denn er verbindet sich nicht mit der Milch, setzt sich nach oben ab und wird als Deckschicht sichtbar.

Creme →

Biskuit

fester Pudding

# Die 5 goldenen Regeln

*Aus einem Teig und einem Backvorgang entstehen praktisch drei Kuchen in einem. Eine einfach zuzubereitende, köstliche Süßspeise, die immer wieder verblüfft. Ein paar Grundregeln sollte man dafür kennen:*

## 1. Die Größe der Form

Wichtig ist, dass die Größe der Backform exakt der im Rezept vorgegebenen Teigmenge entspricht. Ist die Form zu klein, können Sie eventuell nicht die gesamte Eischneemenge unterbringen. Damit gerät die Biskuitdecke zu dünn. Ist die Form dagegen zu groß, fallen die einzelnen Lagen zu dünn aus und setzen sich nicht deutlich genug voneinander ab. Die meisten der hier ausgeführten Rezepte sind für eine runde Form mit 24 cm Durchmesser berechnet.

## 2. Der Eischnee

Um den Eischnee in den sehr flüssigen Teig einzubringen, eignet sich am besten ein Schneebesen. Mit diesem die Eischneemasse nur behutsam unterheben, so dass sie sich nicht restlos im Teig auflöst. Es sollten noch größere Flocken zu erkennen sein. Der Eischnee, der auf der Teigoberfläche schwimmt, wird vor dem Backen mit einem Messer glattgestrichen.

## 3. Der Backvorgang

Ist der Kuchen nur halbgar, zerläuft er, wenn er aus der Form kommt. Wird er zu lange gebacken, verschwindet die Cremeschicht. Nach Ende der angegebenen Backzeit ist der Kuchen normalerweise noch etwas weich und beweglich und wird erst mit dem Erkalten fest. Die oberste Schicht – der Biskuit – muss gut durchgebacken und gebräunt sein. Sämtliche angegebenen Backzeiten entsprechen dem Backvorgang in einem normalen Backofen mit Ober- und Unterhitze. Haben Sie einen Umluftofen, müssen die Temperaturangaben um 10 °C vermindert werden.

## 4. Das Aus-der-Form-nehmen

Bevor der Zauberkuchen aus der Form wird, muss er unbedingt fest sein. Dazu wird er mindestens 2 Stunden kalt gestellt. Am leichtesten kommt der Kuchen aus einer Silikonform. Formen aus anderem Material sollten mit Backpapier ausgelegt werden (dann 5 Minuten mehr Backzeit einrechnen).

## 5. Die Verkostung

Zauberkuchen schmecken am besten, nachdem sie mehrere Stunden, vorzugsweise über Nacht, auskühlen konnten. So können die einzelnen Schichten ihre Aromen optimal entwickeln. Es ist daher ratsam, Zauberkuchen nie in letzter Minute zuzubereiten … Geduld ist gefragt.

## Die wichtigsten Phasen der Teigzubereitung

Die Eigelbe kräftig mit dem Zucker zu einer weißlichen Masse aufschlagen.
Den Eischnee behutsam mit dem Schneebesen unterheben, ohne zu rühren. Es müssen größere Flocken von Eischnee im Teig verbleiben.
Den Teig in der Form mit einem Messer glattstreichen und in den Ofen schieben.

# Vanille-Zauberkuchen

Für 8 Personen
Vorbereitungszeit: 20 Minuten
Backzeit: 50 Minuten
Ruhezeit: 1 + 2 Stunden

500 ml Milch
2 Vanilleschoten
4 Eier
150 g Zucker
1 Tütchen Vanillezucker
1 EL Wasser
125 g Butter
110 g Mehl
1 Prise Salz

Runde Form, Durchmesser 24 cm,
aus Silikon oder mit Backpapier
ausgelegt

Vanilleschote aufschneiden und das Mark mit einem Messer auskratzen. Die Milch mit dem Vanillemark und der leeren Schote erhitzen. Anschließend von der Kochstelle nehmen und mindestens 1 Stunde ziehen lassen. Je länger das Vanillearoma durchziehen kann, desto intensiver der Geschmack.
Backofen auf 150 °C vorheizen.
Eigelb vom Eiweiß trennen. Eigelb mit Zucker und Vanillezucker und Wasser zu einer weißlichen Masse aufschlagen. Die Butter schmelzen und in die Ei-Zucker-Mischung einarbeiten. Mehl und Salz dazugeben und einige Minuten mit dem Schneebesen aufschlagen. Die Vanille-schoten aus der Milch nehmen. Die Milch nach und nach unter kräftigem Rühren in den Teig mischen.
Eiweiß steif schlagen und behutsam unter den Teig heben. Den Teig in die gebutterte Form gießen, die Oberfläche mit einem Messer glattstreichen. Den Kuchen 50 Minuten backen. Beim Herausnehmen ist der Kuchen noch etwas weich und beweglich.
Bevor der Kuchen aus der Form genommen wird, muss er mindestens 2 Stunden im Kühlschrank auskühlen, um fest zu werden. Kalt servieren.

## Und noch ein Tipp
Den Kuchen mit Puderzucker bestäuben.

# Weiße Schokolade

Für 10 Personen
Vorbereitungszeit: 20 Minuten
Backzeit: 50 Minuten
Ruhezeit: 2 Stunden

3 Eier
75 g Zucker
1 EL Wasser
1 TL flüssiger Vanille-Extrakt
120 g weiße Schokolade
75 g Butter
75 g Mehl
370 ml Milch (Raumtemperatur)
1 Prise Salz

Rechteckige Backform,
10 x 24 cm, aus Silikon oder
mit Backpapier ausgelegt

Backofen auf 150 ° C vorheizen.

Eigelb vom Eiweiß trennen. Eigelb mit Zucker und Wasser zu einer weißlichen Masse aufschlagen. Den flüssigen Vanille-Extrakt dazugeben. Butter und weiße Schokolade zusammen schmelzen. Unter die Ei-Zucker-Mischung rühren. Danach Mehl und Salz einarbeiten. Einige Minuten mit dem Schneebesen aufschlagen. Die Milch nach und nach unter ständigem Rühren mit dem Schneebesen eingießen. Eiweiß steif schlagen und mit dem Schneebesen unter den Teig heben. Den Teig in die gebutterte Form gießen, die Oberfläche mit einem Messer glattstreichen. Den Kuchen 50 Minuten im Ofen backen. Beim Herausnehmen ist der Teig noch weich. Bevor der Kuchen aus der Form genommen wird, für mindestens 2 Stunden in den Kühlschrank stellen. Danach ist er fest.

## Und noch ein Tipp

Für eine Glasur 150 g weiße Schokolade schmelzen. Von der Kochstelle nehmen und 70 ml flüssige Sahne unterrühren. Für mindestens 2 Stunden in den Kühlschrank stellen. Anschließend diese Ganache oder Pariser Creme 12 Minuten aufschlagen, bis sie eindickt.

# Salzbutter-Karamell

Für 8 Personen
Vorbereitungszeit: 45 Minuten
Backzeit: 5 + 55 Minuten
Ruhezeit: 2 Stunden

**Karamell**
300 g Haushaltszucker
einige Tropfen Zitronensaft
150 ml Sahne, erwärmt
75 g gekühlte, leicht gesalzene
    Butter

**Kuchen**
450 ml Milch
4 Eidotter
70 g leicht gesalzene Butter
90 g Mehl
1 Prise Salz

Runde Kuchen- oder Backform,
Durchmesser 24 cm, aus Silikon
oder mit Backpapier ausgelegt

Für den Karamell Zucker und Zitronensaft in einen großen Topf mit dickem Boden geben. Aufkochen, bis sich der Zucker auflöst und eine karamellbraune Farbe annimmt. Vergewissern Sie sich mit Hilfe eines Holzkochlöffels, dass die Farbe stimmt. Auf dem Topfboden erscheint der Zucker meistens dunkler. Die flüssige, heiße Sahne angießen. Vorsicht, es spritzt! Von der Kochstelle nehmen und die leicht gesalzene Butter unterrühren. 100 g Karamell abnehmen und die Milch in den restlichen Karamell geben. Zum Kochen bringen, damit sich der Karamell vollständig in der Milch auflöst. Abkühlen lassen. Backofen auf 150 °C vorheizen.

Eigelb vom Eiweiß trennen. Eigelb mit geschmolzener Butter aufschlagen. Anschließend das Mehl mit dem Salz einrühren und die Milch-Karamell-Mischung nach und nach unter ständigem Rühren mit dem Schneebesen hinzufügen. Eiweiß steif schlagen und mit dem Schneebesen behutsam unter die Teigmischung heben. In die gebutterte Form gießen, mit einem Messer glattstreichen und 55 Minuten im Ofen backen. Beim Herausnehmen aus dem Ofen ist der Kuchen noch leicht beweglich. Bevor er aus der Form genommen wird, mindestens 2 Stunden in den Kühlschrank stellen. Danach ist er fest.

## Und noch ein Tipp
Den Kuchen mit der restlichen Karamellcreme servieren.

# Kaffee

Für 8 Personen
Vorbereitungszeit: 25 Minuten
Backzeit: 5 + 45 Minuten
Ruhezeit: 2 Stunden

500 ml Milch
30 g löslicher Kaffee
4 Eier
150 g Zucker
1 EL Wasser
125 g Butter
115 g Mehl
1 Prise Salz

Quadratische Backform, 20 cm,
aus Silikon oder mit Backpapier
ausgelegt

Backofen auf 150 ° C vorheizen.
Milch und löslichen Kaffee in einen Topf geben und erhitzen,
bis sich der Kaffee vollständig aufgelöst hat. Erkalten lassen. Eigelb
vom Eiweiß trennen. Eigelb mit Zucker und Wasser zu einer hellen,
schaumigen Masse aufschlagen. Die Butter schmelzen und in die
Ei-Zucker-Mischung rühren. Jetzt Mehl und Salz dazugeben. Die
Milch nach und nach mit dem Schneebesen unter ständigem Rühren
einarbeiten. Eiweiß steif schlagen und mit dem Schneebesen unter die
Teigmischung heben.
Den Teig in die gebutterte Form gießen und die Oberfläche mit einem
Messer glattstreichen. 45 Minuten backen. Kommt der Kuchen aus
dem Ofen, ist er noch etwas weich. Bevor er aus der Form genommen
werden kann, muss er mindestens 2 Stunden im Kühlschrank fest
werden.

## Und noch ein Tipp
Für eine Schokoladenglasur 100 g dunkle Schokolade in 50 ml flüssiger
Sahne schmelzen und den Kuchen damit bestreichen.

# Mandelcreme

Für 8 Personen
Vorbereitungszeit: 20 Minuten
Backzeit: 50 Minuten
Ruhezeit: 2 Stunden

4 Eier
100 g Zucker
1 EL Wasser
100 g fertige Praliné-Masse
   (ersatzweise dunkler Nougat)
80 g Butter
80 g Mehl
450 ml Milch
1 Prise Salz

Runde Backform, 24 cm
Durchmesser, aus Silikon oder
mit Backpapier ausgelegt.

Backofen auf 150 ° C vorheizen.

Eigelb vom Eiweiß trennen. Die Eidotter mit Zucker und Wasser zu
einer hellen Masse aufschlagen. Die Praliné-Masse und anschließend
die geschmolzene Butter dazugeben. Mehl und Salz unterrühren.
Einige Minuten kräftig weiter aufschlagen. Nach und nach die Milch
unter Rühren eingießen. Das Eiweiß steif schlagen und mit einem
Schneebesen unter den Teig heben. Die Masse in die gebutterte Form
gießen, mit einem Messer die Oberfläche glattstreichen und für
50 Minuten in den Ofen schieben. Beim Herausnehmen ist der
Kuchen noch etwas weich. Bevor er daher aus der Form genommen
werden kann, muss er mindestens 2 Stunden im Kühlschrank ruhen.
Danach ist er fest.

## Und noch ein Tipp
Den Mandelcreme-Kuchen mit fertigem Krokant bestreuen.
Man kann ihn auch mit ganzen, karamellisierten Haselnüssen
verzieren.

# Nuss-Nugat

Für 8 Personen
Vorbereitungszeit: 20 Minuten
Backzeit: 50 Minuten
Ruhezeit: 2 Stunden

4 Eier
100 g Zucker
1 EL Wasser
100 g Nuss-Nugat-Aufstrich
80 g Butter
90 g Mehl
450 ml lauwarme Milch
1 Prise Salz

Quadratische Backform, 20 cm,
aus Silikon oder mit Backpapier
ausgelegt

Backofen auf 150 ° C vorheizen
Eigelb vom Eiweiß trennen. Eigelb mit Zucker und Wasser zu einer
weißlichen Mischung aufschlagen. Die Nuss-Nugat-Creme einrühren.
Die Butter schmelzen und ebenfalls zu der Ei-Zucker-Mischung geben.
Jetzt das Mehl mit dem Salz einarbeiten. Einige Minuten weiter
aufschlagen.
Nach und nach unter Rühren die Milch eingießen. Eiweiß steif
schlagen und mit einem Schneebesen unter den Teig heben. Den Teig
in die gebutterte Backform gießen und die Oberfläche mit einem
Messer glattstreichen. Für 50 Minuten in den Backofen schieben.
Wird der Kuchen aus dem Ofen genommen, ist er noch nicht fest.
Um diese Konsistenz zu erreichen, muss er mindestens 2 Stunden im
Kühlschrank ruhen, bevor er aus der Form genommen werden kann.

## Und noch ein Tipp

Den Kuchen mit einigen gehackten Haselnüssen verzieren.
Oder eine Glasur herstellen: Dazu 175 g Nuss-Nugat-Aufstrich mit
250 ml Sahne (35% Fett) mischen und 2 Stunden kaltstellen. Danach
aufschlagen, bis die Ganache eindickt.

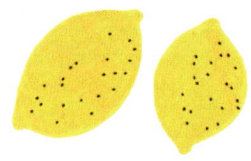

# Zitrone-Mohn-Torte

Für 8 Personen
Vorbereitungszeit: 30 Minuten
Backzeit: 50 Minuten
Ruhezeit: 2 Stunden

4 Eier
150 g Zucker
125 g Butter
125 g Mehl
30 g Mohnsamen
400 ml Milch (Raumtemperatur)
2 Zitronen
1 Prise Salz

Runde Backform, Durchmesser
24 cm, aus Silikon oder mit
Backpapier ausgelegt

Backofen auf 150 °C vorheizen.
Die Eidotter vom Eiweiß trennen. Eigelb mit Zucker zu einer hellen, schaumigen Masse aufschlagen. Butter schmelzen und unter die Ei-Zucker-Masse rühren. Mehl, Mohnsamen und Salz hinzufügen. Einige Minuten mit dem Schneebesen schlagen, dabei nach und nach die Milch zugeben. Zesten von den Zitronen nehmen und den Saft auspressen. Die Zesten und 100 ml Zitronensaft in den Teig geben. Eiweiß steif schlagen und mit dem Schneebesen vorsichtig unter den Teig heben.
Teig in die gebutterte Form gießen und an der Oberfläche mit einem Messer glätten. 50 Minuten im Ofen backen. Beim Herausnehmen ist der Teig noch verhältnismäßig weich. Bevor er aus der Form genommen wird, mindestens 2 Stunden im Kühlschrank kaltstellen, damit er fest wird. Kühl servieren.

## Und noch ein Tipp

Mit einigen Zitronenfilets verzieren und mit Mohnsamen bestreuen. Alternativ eine Glasur anrühren. Dazu 300 ml gut gekühlte Sahne (35 %) mit 150 g Mascarpone aufschlagen, bis eine dickliche Creme entsteht. Anschließend 45 g Zucker unter ständigem Schlagen nach und nach einrieseln lassen.

# Heidelbeer-Rosen-Cupcakes

Für 8 Personen
Vorbereitungszeit: 35 Minuten
Backzeit: 27 Minuten
Ruhezeit: 1 + 2 Stunden

**Topping**
50 g weiße Schokolade
100 ml Sahne (mindestens 35 %)
10 g Zucker

**Grundteig**
2 Eier
60 g Zucker
1 EL Rosenwasser
60 g Butter
55 g Mehl
250 ml Milch
100 g Heidelbeeren
1 Prise Salz

Muffinbackformen aus Silikon

Wir beginnen mit dem Topping, da dieses einige Stunden im Kühlschrank ruhen muss: Die weiße Schokolade in der Mikrowelle oder im Wasserbad schmelzen (maximal 40 °C, sonst gerinnt sie). Währenddessen die Hälfte der Sahne erwärmen. Die warme Sahne in drei Portionen kräftig unter die Schokolade mischen. Anschließend die restliche kalte Sahne hinzufügen und die Mischung mindestens 2 Stunden in den Kühlschrank stellen.

Backofen auf 150 °C vorheizen.

Eigelb vom Eiweiß trennen. Eigelb mit Zucker und Rosenwasser zu einer hellen, schaumigen Creme aufschlagen. Die Butter schmelzen und in den Teig einarbeiten. Mehl und Salz hinzufügen und einige Minuten weiter schlagen. Nach und nach die Milch unter ständigem Schlagen eingießen. Eiweiß steif schlagen und mit dem Rührbesen unter den Teig heben. Die Muffinformen mit Butter ausfetten und die Heidelbeeren darauf verteilen. Beim Backen werden sie von allein in die Mitte des Kuchens steigen. Den Kuchenteig darüber gießen (dabei das Eiweiß gleichmäßig verteilen) und 27 Minuten im Ofen backen. Bevor sie aus der Form kommen, müssen sie mindestens 1 Stunde im Kühlschrank auskühlen, um fest zu werden.

Das Topping aus dem Kühlschrank nehmen und 12 Minuten aufschlagen. Dabei nach und nach den Zucker einrieseln lassen.

Die Zauber-Cupcakes mit dem aufgeschlagenen Topping verzieren.

## Und noch ein Tipp

Jeweils einige Blaubeeren auf das Topping setzen.

# Karamell-Apfel-Zauber

Für 8 Personen
Vorbereitungszeit: 30 Minuten
Backzeit: 10 + 55 Minuten
Ruhezeit: 2 Stunden

**Karamellisierte Äpfel**
3 Äpfel
30 g Zucker
20 g leicht gesalzene Butter

**Kuchenteig**
4 Eier
120 g Zucker
125 g Butter
1 TL flüssiger Vanille-Extrakt
115 g Mehl
500 ml Milch, Zimmertemperatur
1 Prise Salz

Runde Backform, Durchmesser
24 cm, aus Silikon oder mit
Backpapier ausgelegt

Für die karamellisierten Äpfel werden die Früchte gewaschen und geschält, in kleine Stücke geschnitten und mit Zucker in eine Bratpfanne gegeben. Erhitzen, bis die Äpfel karamellisieren. Anschließend die leicht gesalzene Butter hinzufügen. Umrühren und beiseite stellen. Backofen auf 150 °C vorheizen.

Eigelb vom Eiweiß trennen. Eigelb mit Zucker zu einer hellen, schaumigen Masse aufschlagen. Die Butter schmelzen und zusammen mit dem flüssigen Vanille-Extrakt in die Ei-Zucker-Creme einarbeiten. Mehl und Salz dazugeben. Einige Minuten aufschlagen und unter ständigem Schlagen nach und nach die Milch eingießen. Eiweiß steif schlagen und mit dem Schneebesen behutsam unter die Teigmasse heben. Die Apfelstückchen auf dem Boden der Kuchenform verteilen und den Teig in die gebutterte Form gießen. Mit einem Messer glattstreichen und für 55 Minuten in den Ofen schieben.

Aus dem Backofen nehmen. Jetzt ist der Teig noch etwas weich. Bevor er aus der Form genommen werden kann, mindestens 2 Stunden in den Kühlschrank stellen, damit er fest wird.

## Und noch ein Tipp

Den Kuchen mit hauchdünnen getrockneten Apfelscheiben belegen und mit einer Schicht Karamell-Sauce überziehen.

# Ananas-Kokos-Magie

Für 8 Personen
Vorbereitungszeit: 30 Minuten
Backzeit: 55 Minuten
Ruhezeit: 2 Stunden

4 Eier
125 g Rohrohrzucker
1 Päckchen Vanillezucker
125 g Butter
80 g Mehl
80 g Kokosraspeln
200 ml Milch, Raumtemperatur
250 ml Kokosmilch
340 g Ananas im Glas/in der Dose
1 Prise Salz

Runde Backform, Durchmesser
24 cm, aus Silikon oder mit
Backpapier ausgelegt

Backofen auf 150 ° C vorheizen.

Eiweiß und Eigelb trennen. Eigelb mit Zucker zu einer weißlichen, schaumigen Creme aufschlagen. Die Butter schmelzen und in die Ei-Zucker-Masse rühren. Mehl, Kokosraspeln und Salz dazugeben. Einige Minuten weiter schlagen. Nach und nach unter ständigem Schlagen die Milch und die Kokosmilch einarbeiten, bis ein homogener, glatter Teig entsteht. Eiweiß steif schlagen und mit dem Schneebesen vorsichtig unter den Teig heben.

Die Ananasscheiben in kleine Stücke schneiden und auf dem Boden der gebutterten Kuchenform verteilen. Den Teig darübergießen und an der Oberfläche mit einem Messer glattstreichen. 55 Minuten im vorgeheizten Ofen backen. Beim Herausnehmen ist der Kuchen noch etwas weich. Bevor er aus der Form genommen werden kann, mindestens 2 Stunden im Kühlschrank fest werden lassen.

## Und noch ein Tipp

Mit frischen Ananasscheiben belegen, mit Kokosraspeln bestreuen und mit Karamell-Sauce überziehen.
Für einen einfachen Kokosnusskuchen die Ananas weglassen und die Backzeit um 5 Minuten verkürzen.

# Erdbeer-Rhabarber-Zaubertarte

Für 8 Personen
Vorbereitungszeit: 40 Minuten
Backzeit: 15 + 55 Minuten

**Rhabarberkompott**
400 g Rhabarber
80 g Rohrohrzucker
30 ml Wasser

**Tarte**
1 Mürbeteig (aus dem Kühlregal)
1 Vanilleschote
300 ml Milch
3 Eier
90 g Zucker
35 g Honig
90 g Butter
80 g Mehl
30 g gemahlene Mandeln
1 Prise Salz

**Garnierung**
275 g geschlagene Sahne
200 g Erdbeeren

Rechteckige Tarteform,
11 x 35 cm

Rhabarber waschen, schälen und die Stangen in kleine Stücke schneiden. Mit dem Zucker und dem Wasser in einen Topf geben und auf kleiner Flamme aufkochen, bis das Wasser vollständig verdampft und der Rhabarber zu Mus zerfällt.
Backofen auf 180 °C vorheizen.
Eine Tarteform mit dem Mürbeteig auslegen und 15 Minuten blindbacken. Aus dem Ofen nehmen. Die Ofentemperatur auf 150 °C herunterschalten.
Die Vanilleschote aufschneiden und mit einem Messer das Vanillemark auskratzen. Die Milch mit dem Vanillemark und der Schote erhitzen. Beiseite stellen und durchziehen lassen. Eigelb vom Eiweiß trennen. Eigelb mit Zucker und Honig zu einer hellen, schaumigen Masse aufschlagen. Die Butter schmelzen und unter die Ei-Zucker-Mischung rühren. Mehl und Salz dazugeben.
Die Vanilleschote aus der Vanillemilch entfernen, die Milch nach und nach unter den Teig rühren, bis dieser eine glatte, homogene Konsistenz annimmt. Eiweiß steif schlagen und mit dem Rührbesen unter den Teig heben. Die gemahlenen Mandeln über den Boden der Tarteform streuen und das Rhabarber-Mus darauf verteilen. Den Teig darübergießen. Mit einem Messer glattstreichen und 55 Minuten im Backofen backen. Erkalten lassen.
Die Tarte mit Schlagsahne bestreichen und Erdbeerstückchen darauf verteilen. Kühl servieren!

# Zauberküchlein mit Birne und Karamellkeks

Für 8 Personen
Vorbereitungszeit: 30 Minuten
Backzeit: 35 Minuten
Ruhezeit: 1 Stunde

## Karamellkeksteig
200 g Karamellkekse (belgisches
    Karamellgebäck, z.B. Lotus)
150 ml Kondensmilch (ungesüßt)
1 EL Honig
½ TL Zimtpulver
1 Prise Salz

## Kuchen
3 Eier
75 g Zucker
90 g Butter
50 g Mehl
300 ml Milch
2 kleine Birnen
1 Prise Salz

Kleine Kuchenformen, aus Silikon
oder mit Backpapier ausgelegt

Als erstes den Teig mit Karamellkeksen zubereiten. Sämtliche Zutaten in das Gefäß eines Mixers geben und mixen, bis eine homogene Paste entsteht. Beiseite stellen.

Den Backofen auf 150 °C vorheizen.

Eigelb vom Eiweiß trennen. Eigelb mit Zucker zu einer weißlichen Masse aufschlagen. Die Butter schmelzen und unter die Ei-Zucker-Mischung rühren. 150 g der Karamellkekspaste untermischen. Anschließend Mehl und Salz dazugeben. Einige Minuten weiter schlagen. Unter ständigem Rühren nach und nach die Milch eingießen. Eiweiß steif schlagen und mit dem Schneebesen behutsam unter den Teig heben. Die Birnen waschen, schälen und würfeln. Die Birnenstücke auf die Böden der kleinen gebutterten Formen verteilen. Den Teig darübergießen. Dabei darauf achten, dass jede Form den gleichen Anteil von Teig und von Eischnee bekommt. Die Oberflächen mit dem Messer glattstreichen. Für 35 Minuten in den Ofen schieben. Beim Herausnehmen aus dem Ofen ist der Teig noch etwas weich. Daher muss er mindestens 1 Stunde im Kühlschrank auskühlen und fest werden, bevor die Küchlein aus der Form genommen werden können. Gut gekühlt servieren!

## Und noch ein Tipp
Die Küchlein mit der restlichen Karamellkeks-Masse bestreichen. Oder mit feinen Kekskrümeln bestreuen und mit Birnenschnitzen belegen.

# Rote-Grütze-Zauber

Für 6 Personen
Vorbereitungszeit: 20 Minuten
Backzeit: 30 Minuten
Ruhezeit: 1 Stunde

3 Eier
95 g Zucker
90 g Butter
95 g Mehl
180 g gemischte rote Früchte
370 ml Milch
1 Prise Salz

6 halbkugelförmige
Kuchenformen aus Silikon,
Durchmesser 7 cm

Backofen auf 150 ° C vorheizen.
Eigelb vom Eiweiß trennen. Eigelb mit Zucker zu einer hellen, schaumigen Masse aufschlagen. Die Butter schmelzen und in die Ei-Zucker-Mischung rühren. Mehl und Salz dazugeben. Einige Minuten weiter schlagen. Unter ständigem Schlagen nach und nach die Milch einrühren. Das Eiweiß steif schlagen. Den Eischnee mit dem Schneebesen unter den Teig heben. Die Backformen mit Butter ausfetten und die roten Früchte auf die Förmchen verteilen. Jetzt den Teig darübergießen und die Oberflächen mit einem Messer glätten. Beim Backen verlagern sich die Früchte von selbst in die mittlere Schicht des Gebäcks. 30 Minuten im vorgeheizten Backofen backen. Bevor die kleinen Kuchen aus der Form genommen werden können, müssen sie mindestens 1 Stunde im Kühlschrank auskühlen und fest werden. Gut gekühlt servieren!

## Und noch ein Tipp
Mit einer Fruchtsauce und frischen Früchten dekorieren.

# Orangen-Zimt-Wunder

Für 8 Personen
Vorbereitungszeit: 25 Minuten
Backzeit: 55 Minuten
Ruhezeit: 1 + 2 Stunden

1 Orange
400 ml Milch
2,5 TL Zimtpulver
4 Eier
125 g Zucker
125 g Butter
120 g Mehl
1 Prise Salz

Quadratische Kuchenform, 20 cm,
aus Silikon oder mit Backpapier
ausgekleidet

Die Orange waschen und möglichst große Streifen von der Schale
nehmen. Die Milch mit den Orangenzesten und dem Zimt erhitzen.
1 Stunde ziehen lassen.
Backofen auf 150 °C vorheizen.
Eigelb vom Eiweiß trennen. Eigelb mit Zucker schaumig schlagen.
Die Butter schmelzen und in die Ei-Zucker-Mischung rühren.
Anschließend Mehl und Salz dazugeben. Erneut einige Minuten
aufschlagen. Orangenzesten aus der Milch nehmen und die Milch nach
und nach unter ständigem Schlagen einarbeiten. Orangen auspressen
und 100 ml des Saftes in die Mischung gießen. Eiweiß steif schlagen.
Eischnee mit einem Rührbesen unter den Teig heben. Den Teig in die
gebutterte Form geben und die Oberfläche mit einem Messer glätten.
Für 55 Minuten in den Ofen schieben. Wenn der Kuchen aus dem
Ofen kommt, ist er noch ziemlich weich. Bevor er aus der Form
genommen werden kann, muss er mindestens 2 Stunden im
Kühlschrank auskühlen und fest werden.

## Und noch ein Tipp
Zur Dekoration den Kuchen mit kandierten Orangenscheiben belegen.

# Aprikose-Orangenblüten-Kranz

Für 8 Personen
Vorbereitungszeit: 25 Minuten
Backzeit: 55 Minuten
Ruhezeit: 2 Stunden

3 Eier
95 g Zucker
1 EL Orangenblütenwasser
95 g Butter
90 g Mehl
370 ml Milch
410 g Aprikosen aus der Dose
1 Prise Salz

Savarin- oder Ringform,
Durchmesser 22 cm, aus Silikon
oder mit Backpapier ausgelegt.

Backofen auf 150 ° C vorheizen
Eigelb vom Eiweiß trennen. Eigelb mit Zucker und Orangen-
blütenwasser zu einer schaumigen, hellen Creme aufschlagen.
Die Butter schmelzen und in die Ei-Zucker-Masse rühren. Mehl
und Salz untermischen. Einige Minuten weiter aufschlagen.
Unter ständigem Schlagen in kleinen Portionen die Milch angießen.
Eiweiß steif schlagen und mit dem Schneebesen unter den Teig heben.
Ein Viertel der Aprikosen für die Dekoration vorhalten.
Die restlichen Aprikosen in Würfel schneiden und den Boden der
gebutterten Form damit auslegen. Den Teig über die Aprikosen
gießen, die Oberfläche mit einem Messer glattstreichen und
55 Minuten im Backofen backen. Den noch etwas weichen Kuchen aus
dem Ofen nehmen. Bevor er aus der Form genommen werden kann,
muss er mindestens 2 Stunden im Kühlschrank auskühlen und fest
werden.

## Und noch ein Tipp
Mit Schlagsahne und den übrigen Aprikosen verzieren.

# Himbeer-Matcha-Kuchen

Für 10 Personen
Vorbereitungszeit: 25 Minuten
Backzeit: 50 Minuten
Ruhezeit: 2 Stunden

4 Eier
150 g Zucker
1 EL Wasser
125 g Butter
100 g Mehl
15 g Matchatee (Grünteepulver)
500 ml Milch
200 g frische Himbeeren
1 Prise Salz

Rechteckige Kuchenform,
10 x 24 cm, aus Silikon oder mit
Backpapier ausgekleidet

Backofen auf 150 ° C vorheizen.

Eigelb vom Eiweiß trennen. Eigelb mit Zucker und Wasser zu einer weißlichen Masse aufschlagen. Die Butter schmelzen und in die Ei-Zucker-Mischung rühren. Mehl, Salz und das Matchapulver einarbeiten. Einige Minuten gut aufschlagen. In kleinen Portionen die Milch unter ständigem Rühren mit dem Schneebesen angießen. Eiweiß steif schlagen und den Schnee mit einem Schlagbesen unter den Teig heben.

Die Himbeeren auf dem Boden der gebutterten Backform verteilen und mit dem Teig bedecken. Während des Backvorgangs verlagern sich die Himbeeren von selbst in die mittlere Schicht des Kuchens. Die Oberfläche mit einem Messer glattstreichen. Den Kuchen 50 Minuten im vorgeheizten Backofen backen.

Beim Herausnehmen ist der Kuchen noch etwas weich. Bevor er aus der Form kommen kann, muss er mindestens 2 Stunden im Kühlschrank auskühlen, um fest zu werden. Gut gekühlt servieren!

## Und noch ein Tipp

Mit einigen Himbeeren und roter Fruchtsauce dekorieren.
Für eine Glasur aus weißer Schokolade: 150 g weiße Schokolade schmelzen. Von der Kochstelle nehmen und 70 ml Sahne (35% Fett) unterrühren. Die Mischung mindestens für 2 Stunden in den Kühlschrank stellen. Anschließend die Ganache 12 Minuten aufschlagen, bis sie eindickt.

# Pistazien-Sauerkirsch-Torte

Für 8 Personen
Vorbereitungszeit: 20 Minuten
Backzeit: 55 Minuten
Ruhezeit: 2 Stunden

4 Eier
135 g Zucker
125 g Butter
1 gehäuften TL Pistazienpaste (aus
   dem Feinkosthandel) oder
   Pistazienaroma
40 g gemahlene Pistazien
120 g Mehl
500 ml Milch
200 g Sauerkirschen
1 Prise Salz

Runde Kuchenform, Durchmesser
24 cm, aus Silikon oder mit
Backpapier ausgelegt

Backofen auf 150 ° C vorheizen.
Eigelb vom Eiweiß trennen. Eigelb mit Zucker zu einer hellen,
schaumigen Creme aufschlagen. Die Butter schmelzen und in die
Ei-Zucker-Mischung rühren. Die Pistazienpaste dazugeben.
Anschließend die gemahlenen Pistazien, das Mehl und das Salz
einarbeiten. Einige Minuten kräftig aufschlagen.
Nach und nach unter ständigem Rühren mit dem Schneebesen die
Milch angießen. Eiweiß steif schlagen und mit dem Schneebesen
unter den Teig heben.
Die Sauerkirschen auf dem Boden der gebutterten Backform auslegen.
Den Teig darübergeben und die Oberfläche mit einem Messer glätten.
Für 55 Minuten im vorgeheizten Ofen backen.
Wenn der Kuchen aus dem Ofen kommt, ist er noch etwas weich.
Bevor er aus der Form genommen wird, muss er mindestens
2 Stunden im Kühlschrank auskühlen, um fest zu werden.

## Und noch ein Tipp

Mit Schlagsahne, gehackten Pistazien und Sauerkirschen verzieren.

# Dreikönigs-Zauberkuchen

Für 8 Personen
Vorbereitungszeit: 30 Minuten
Backzeit: 10 + 55 Minuten
Ruhezeit: 2 Stunden

## Kuchenboden
150 g Butterkekse
30 g fein gemahlene Mandeln
50 g zerlassene, leicht gesalzene
   Butter
2 Prisen Meersalz (Fleur de Sel)

## Belag
3 Eier
110 g Zucker
90 g Butter
1 TL Bittermandel-Extrakt
1 EL Rum (je nach Wunsch)
80 g Mehl
350 ml Mandelmilch
1 Prise Salz

Runde Kuchenform, Durchmesser
24 cm, mit Backpapier
ausgekleidet
Eine Bohne oder eine kleine
Figur zum Einbacken
(französische Tradition) in den
Dreikönigskuchen

Backofen auf 150 ° C vorheizen.
Für den Kuchenboden alle Zutaten mischen und zu einem glatten Teig verarbeiten. Eine Backform mit 24 cm Durchmesser mit Backpapier auslegen, die Keksteigmischung einfüllen und mit einem Esslöffelrücken auf dem Boden der Form verteilen und flachdrücken.
10 Minuten im Ofen backen.
Für den Belag das Eigelb vom Eiweiß trennen. Eigelb mit Zucker zu einer hellen, schaumigen Masse aufschlagen. Die Butter schmelzen und mit dem Bittermandelextrakt und, wenn gewünscht, dem Rum in die Masse einrühren. Mehl und Salz einarbeiten. Einige Minuten weiter aufschlagen und dabei nach und nach die Mandelmilch angießen. Eiweiß steif schlagen und mit dem Schneebesen unter die Teigmasse heben.
Den Teig über die Kekspaste geben und die Oberfläche mit einem Messer glätten. Am Dreikönigstag die Bohne nicht vergessen: Wer sie findet, ist traditionell König für einen Tag! 55 Minuten im vorgeheizten Ofen backen.
Kommt der Kuchen aus dem Ofen, ist er noch leicht beweglich. Bevor er aus der Form genommen werden kann, muss er 2 Stunden im Kühlschrank abkühlen, um fest zu werden. Gekühlt oder leicht erwärmt servieren.

## Und noch ein Tipp
Mit Puderzucker bestäuben und mit leicht gerösteten Mandelblättern verzieren.

# Magischer Lebkuchen

Für 10 Personen
Vorbereitungszeit: 20 Minuten
Backzeit: 50 Minuten
Ruhezeit: 2 Stunden

3 Eier
30 g Zucker
40 g Rohrohrzucker
3 EL Honig
90 g Butter
350 ml lauwarme Milch
80 g Mehl
2 TL Quatre-épices oder
    Viergewürz (franz. Gewürz-
    mischung, ersatzweise Piment)
1 TL Zimtpulver
1 Prise Salz

Rechteckige Kuchenform,
10 x 24 cm, aus Silikon oder mit
Backpapier ausgekleidet

Backofen auf 150 ° C vorheizen.
Eigelb vom Eiweiß trennen. Eigelb mit Zucker schaumig rühren.
Honig dazugeben und weiter aufschlagen. Die Butter schmelzen und
in die Ei-Zucker-Mischung geben. Anschließend das Mehl, Salz,
Viergewürz und Zimt einarbeiten. Noch einige Minuten weiter
schlagen. Unter ständigem Rühren nach und nach die Milch angießen.
Eiweiß steif schlagen und mit einem Schneebesen behutsam unter den
Teig heben. Den Teig in die gebutterte Form geben und mit einem
Messer glattstreichen. 50 Minuten im vorgeheizten Ofen backen.
Beim Herausnehmen des Kuchens ist dieser noch etwas weich.
Daher muss er mindestens 2 Stunden im Kühlschrank auskühlen und
fest werden, bevor er aus der Form genommen werden kann. Gekühlt
servieren!

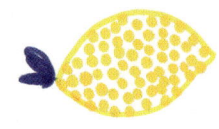

# Zitronen-Zaubertarte mit Baiser

Für 10 Personen
Vorbereitungszeit: 40 Minuten
Backzeit: 15 + 50 Minuten
Ruhezeit: 15 Minuten

1 Mürbeteig (aus dem Kühlregal)
3 Eier
70 g Zucker
1 EL Wasser
70 g Butter
70 g Mehl
275 ml Milch
2 Zitronen
1 Prise Salz

**Baiser**
2 Eiweiß
50 g Zucker
50 g Puderzucker

Tarteform, Durchmesser 27 cm

Backofen auf 180 ° C vorheizen
Eine Tarteform mit Mürbeteig auslegen, mit Backpapier bedecken und mit getrockneten weißen Bohnen zum Blindbacken beschweren. 15 Minuten backen. Bohnen und Backpapier entfernen. Die Form mit dem Mürbeteig im Kühlschrank vorhalten.
Die Backofentemperatur auf 150 °C herunterschalten.
Eigelb vom Eiweiß trennen. Eigelb mit Zucker und Wasser schaumig aufschlagen. Die Butter schmelzen und unterrühren. Mehl und Salz hinzufügen und kurz weiter schlagen. Die Milch nach und nach mit dem Schneebesen kräftig einrühren. Die Zitronenzesten und den Saft der beiden Zitronen dazugeben. Eiweiß steif schlagen und den Schnee mit dem Schneebesen unter den Teig heben.
Die Tarteform mit dem Mürbeteig aus dem Kühlschrank nehmen und den Teig hineingießen. Für 50 Minuten in den Ofen schieben. Kommt der Kuchen aus dem Ofen, kann er noch etwas weich sein. Abkühlen lassen, bevor die Baisermasse aufgebracht wird.
Für das Baiser Eiweiß aufschlagen. Dabei in kleinen Portionen die Zuckersorten einstreuen, bis beim Herausziehen des Rührbesens keine Spitzen mehr stehen bleiben. Mit einem Esslöffel die Baisermasse auf der Tarte verteilen. Baiser mit dem Bunsenbrenner etwas anrösten oder für 3 bis 5 Minuten unter den Grill des Backofens schieben.

## Und noch ein Tipp
Mit den Zesten der zweiten Zitrone garnieren.

# Schokozauber

Für 8 Personen
Vorbereitungszeit: 25 Minuten
Backzeit: 55 Minuten
Ruhezeit: 2 Stunden

4 Eier
80 g Zucker
70 g Brauner Zucker
1 EL Wasser
125 g Butter
70 g Mehl
40 g Kakao
500 ml Milch
1 Prise Salz

Quadratische Kuchenform, 20 cm,
aus Silikon oder mit Backpapier
ausgelegt

Backofen auf 150 °C vorheizen.

Eigelb vom Eiweiß trennen. Eigelb mit Zucker und Wasser zu einer hellen, schaumigen Masse aufschlagen. Butter schmelzen und unterrühren. Anschließend Mehl, Kakao und Salz einarbeiten. Einige Augenblicke weiter schlagen. Nach und nach unter ständigem Rühren die Milch dazugeben. Eiweiß steif schlagen und mit dem Schneebesen behutsam unter den Teig heben. Den Teig in die gebutterte Kuchenform gießen und die Oberfläche mit einem Messer glattstreichen. 55 Minuten im Ofen backen. Beim Herausnehmen aus dem Ofen ist der Teig noch etwas weich. Mindestens für 2 Stunden im Kühlschrank auskühlen und fest werden lassen, bevor man ihn aus der Form nimmt. Kühl servieren.

## Und noch ein Tipp

Mit einem Sparschäler Schokoladenspäne herstellen und den Kuchen damit belegen.
Eine andere Möglichkeit ist eine Ganache: Dazu 100 g geschmolzene, dunkle Schokolade mit 80 ml heißer Sahne (35 %) und 80 ml kalter Sahne mischen. 2 Stunden kaltstellen. Anschließend aufschlagen, bis die Masse eindickt.

# Käsekuchen-Zauber

Für 8 Personen
Vorbereitungszeit: 40 Minuten
Backzeit: 10 + 50 Minuten
Ruhezeit: 2 Stunden

**Boden**
200 g Karamellkekse (belgisches
   Karamellgebäck, z.B. von
   Lotus)
70 g zerlassene Butter

**Belag**
3 Eier
100 g Zucker
200 g Frischkäse,
   z.B Philadelphia®
70 g Mehl
250 ml Vollmilch
1 Prise Salz

Runde Kuchenform, Durchmesser
24 cm, aus Silikon oder mit
Backpapier ausgelegt

Backofen auf 150 ° C vorheizen.
Karamellkekse zerstoßen und mit der geschmolzenen Butter zu einem Teig verarbeiten. Diese Mischung auf den Boden der mit Backpapier ausgekleideten Form geben, mit dem Esslöffelrücken verteilen und flachdrücken. 10 Minuten im Backofen backen.
Eigelb vom Eiweiß trennen. Eigelb mit dem Zucker zu einer hellen, schaumigen Masse aufschlagen. Den Frischkäse, Mehl und Salz unterrühren und einige Minuten weiter aufschlagen. Unter ständigem Rühren nach und nach die Milch angießen. Eiweiß steif schlagen und den Schnee mit einem Schneebesen unter den Teig heben. Alles in die Backform und über den Keksboden geben. 50 Minuten im vorgeheizten Ofen backen.
Beim Herausnehmen ist der Kuchen noch etwas weich.
Daher muss er mindestens 2 Stunden im Kühlschrank auskühlen und fest werden, bevor er aus der Form genommen werden kann.

## Und noch ein Tipp

Puderzucker in ein Sieb geben und den Kuchen damit bestäuben.
Zu diesem Käsekuchen-Zauber kann man je nach Geschmack eine rote Fruchtsauce, eine Karamellsauce oder eine Schokoladensauce servieren.

# Magischer Halloweenkuchen

Für 8 Personen
Vorbereitungszeit: 40 Minuten
Backzeit: 30 + 50 Minuten
Ruhezeit: 2 Stunden

300 g Kürbisfleisch
1 Vanilleschote
400 ml Milch
4 Eier
75 g Zucker
50 g Honig
125 g Butter
115 g Mehl
2 TL Viergewürz
1 Prise Salz

Runde Kuchenform, Durchmesser
24 cm, aus Silikon oder mit
Backpapier ausgelegt

Kürbis schälen und 300 g Kürbisfleisch in 5 cm große Würfel
schneiden. 30 Minuten dämpfen. Kürbisfleisch mit einem Pürierstab
pürieren.
Backofen auf 150 °C vorheizen.
Milch mit Vanillemark und der aufgeschnittenen Vanilleschote erhitzen.
Abkühlen lassen. Eigelb vom Eiweiß trennen.
Eigelb mit Zucker schaumig schlagen. Honig unterrühren. Die Butter
schmelzen und zu der Mischung hinzufügen. Das Kürbispüree, Mehl,
Salz und Viergewürz einarbeiten. Vanilleschote aus der Milch nehmen
und die Milch nach und nach unter ständigem Schlagen in den Teig
gießen. Eiweiß steif schlagen und mit einem Schneebesen unter den
Teig heben.
Den Teig in die gebutterte Form geben und die Oberfläche mit
einem Messer glätten. 50 Minuten im vorgeheizten Ofen backen.
Beim Herausnehmen ist der Teig noch etwas weich.
Bevor er aus der Form genommen werden kann, für mindestens
2 Stunden im Kühlschrank kühlen und fest werden lassen. Kühl
servieren!

## Und noch ein Tipp

Zum Garnieren 80 ml flüssige, gut gekühlte Sahne aufschlagen.
Anschließend 150 g Frischkäse, dann 20 g Puderzucker unter
ständigem Schlagen dazugeben.
Stattdessen kann man den Kuchen auch mit Kürbiskonfitüre
bestreichen.

# Zaubergugls

Für 8 Personen
Vorbereitungszeit: 25 Minuten
Backzeit: 23 Minuten
Ruhezeit: 1 + 1 Stunde

1 Vanilleschote
1 TL Vanille-Extrakt, flüssig
20 ml Rum
180 ml Vollmilch
2 Eier
50 g Zucker
45 g Butter
60 g Mehl
1 Prise Salz
Rohrohrzucker für die
    Törtchenformen

Mini-Gugl-Formen aus Silikon

Das Vanillemark, die aufgeschnittene Vanilleschote, den Vanille-Extrakt und den Rum zusammen mit der Milch in einer Kasserolle erhitzen. Anschließend 1 Stunde ziehen lassen.
Backofen auf 150 °C vorheizen.
Butter in einem Stieltopf erhitzen, bis sie eine schöne nussbraune Farbe annimmt. Auf lauwarme Temperatur abkühlen. Eigelb vom Eiweiß trennen. Eigelb mit Zucker schaumig aufschlagen und die lauwarme, gebräunte Butter unterrühren. Anschließend Mehl und Salz einarbeiten. Einige Minuten weiter aufschlagen. Die Vanilleschote aus der Milch nehmen und die Milch nach und nach unter ständigem Rühren mit dem Schneebesen unter die Ei-Zucker-Masse mischen. Eiweiß steif schlagen und mit dem Schneebesen vorsichtig unter den Teig heben. Die Förmchen in den Silikonmatten ausbuttern und den Rohrohrzucker einstreuen. Die Formen zu 3/4 mit dem Teig befüllen. Dabei darauf achten, dass der flüssige Teig und der Eischnee zu gleichen Teilen auf jedes der Förmchen verteilt werden. Oberflächen mit dem Messer glätten. 23 Minuten im Ofen backen.
Bevor die Mini-Gugl aus der Form genommen werden können, müssen sie mindestens 1 Stunde im Kühlschrank auskühlen, um fest zu werden.

## Und noch ein Tipp
Zu den kleinen Küchlein passt gut Karamellsauce.

# Französischer Weihnachtsbaumstamm

Für 10 Personen
Vorbereitungszeit: 35 Minuten
Backzeit: 50 Minuten
Ruhezeit: 2 Stunden

350 ml Milch
1 Vanilleschote
3 Eier
1 TL Wasser
45 g Zucker
100 g Maronencreme
90 g Butter
70 g Mehl
60 g kandierte Maronen,
   zerbröselt
1 Prise Salz

Halbrunde, längliche Kuchenform,
25 cm x 9 cm x 7 cm, aus Silikon
oder mit Backpapier ausgelegt

Backofen auf 160 ° C vorheizen
Die Milch mit dem Vanillemark und der aufgeschnittenen Schote kurz aufkochen. Auf lauwarme Temperatur abkühlen und ziehen lassen. Eigelb vom Eiweiß trennen. Eigelb mit Zucker und Wasser zu einer hellen Masse aufschlagen. Die Maronencreme unterrühren. Butter schmelzen und zu der Ei-Zucker-Mischung geben. Mehl und Salz hinzufügen und einige Minuten weiter aufschlagen. Die Vanilleschote aus der Milch entfernen. Anschließend Milch nach und nach unter ständigem Schlagen in den Teig einbringen. Eiweiß steif schlagen und mit dem Rührbesen unter die Teigmischung heben. Die Kuchenform ausbuttern. Die Kuchenform mit den Maronenbröseln auslegen und den Teig darüber gießen. Für 50 Minuten in den vorgeheizten Ofen schieben.
Beim Herausnehmen ist der Kuchen noch etwas weich.
Bevor man ihn aus der Form nehmen kann, muss er daher mindestens 2 Stunden im Kühlschrank auskühlen. Erst dann wird er fest. Gekühlt servieren.

## Und noch ein Tipp
Mit einigen ganzen oder zerbröselten Maronen dekorieren.
Für eine cremige Garnitur schlägt man 200 ml flüssige, Sahne (35% Fett) mit 120 g Mascarpone schaumig und fügt unter ständigem Schlagen nach und nach 30 g Zucker hinzu.

# Zauber-Brownies

Für 10 Personen
Vorbereitungszeit: 25 Minuten
Backzeit: 10 + 55 Minuten
Ruhezeit: 2 Stunden

80 g Walnüsse, grob gehackt
4 Eier
125 g Zucker
1 EL Wasser
125 g Butter
110 g Mehl
30 g Kakaopulver, ungesüßt
500 ml Milch
50 g Schokotropfen
1 Prise Salz

Quadratische Kuchenform, 20 cm,
aus Silikon oder mit Backpapier
ausgelegt.

Backofen auf 150 ° C vorheizen.

Walnüsse auf ein Backblech geben und im Backofen 10 Minuten rösten. Eigelb vom Eiweiß trennen. Eigelb mit Zucker und Wasser schaumig aufschlagen. Die Butter schmelzen und in die Ei-Zucker-Mischung rühren. Mehl, Kakaopulver und Salz einarbeiten. Einige Minuten weiter aufschlagen. Unter ständigem Schlagen nach und nach die Milch dazugeben. Eiweiß steif schlagen und mit dem Schneebesen behutsam unter die Teigmischung heben.

Die Backform ausbuttern und die gehackten Nüsse und die Schokotropfen auf dem Boden verteilen. Den Teig eingießen. 55 Minuten backen.

Beim Herausnehmen aus dem Ofen ist der Teig noch etwas weich. Bevor er aus der Form kommen kann, muss er daher mindestens 2 Stunden im Kühlschrank auskühlen. Dann erst wird er fest. Kuchen aus der Form nehmen und in mundgerechte Würfel schneiden.

## Und noch ein Tipp
Mit Schlagsahne und geschmolzener Schokolade servieren.

# Roter Samtzauber

Für 8 Personen
Vorbereitungszeit: 40 Minuten
Backzeit: 50 Minuten
Ruhezeit: 1 + 2 Stunden

1 Vanilleschote
500 ml Milch
4 Eier
150 g Zucker
1 EL flüssige rote
    Lebensmittelfarbe
125 g Butter
115 g Mehl
10 g Kakaopulver
1 Prise Salz
1 Messerspitze rote
    Lebensmittelfarbe in
    Pulverform

**Topping**
300 ml Vollrahm (Sahne mit
    mindestens 35% Fett)
150 g Mascarpone
45 g Zucker

2 runde Formen, Durchmesser
17 cm, aus Silikon oder mit
Backpapier ausgelegt

Vanilleschote halbieren und das Vanillemark mit einem Messer auskratzen. Die Milch mit dem Vanillemark und den Schotenhälften erhitzen. Von der Kochstelle nehmen und 1 Stunde ziehen lassen. Backofen auf 150 ° C vorheizen.

Eigelb vom Eiweiß trennen. Eigelb mit Zucker und flüssiger Lebensmittelfarbe zu einer hellrosa Masse aufschlagen. Die Butter schmelzen und hinzugeben. Mehl, Kakaopulver und Salz einrühren. Einige Minuten weiter aufschlagen. Die Milch ohne die Vanilleschote nach und nach unter ständigem Rühren in den Teig geben. Eiweiß mit dem Farbpulver steif schlagen. Mit dem Schneebesen den Eischnee unter den Teig heben. Die Backformen ausbuttern und mit je einer Hälfte des Teiges befüllen. Dabei darauf achten, flüssigen Teig und Eischnee zu gleichen Teilen aufzuteilen. 50 Minuten backen.

Beim Herausnehmen sind die Kuchen noch leicht weich.

Bevor sie aus der Form genommen werden können, daher mindestens 2 Stunden im Kühlschrank auskühlen lassen, damit sie fest werden. Währenddessen das Topping vorbereiten. Die Sahne schlagen, bis sie andickt. Mascarpone unter ständigem Weiterrühren hinzufügen. Zuletzt den Zucker dazugeben und noch 30 Sekunden weiter schlagen. Die Hälfte des Toppings auf den ersten Kuchen streichen. Den zweiten Kuchen darauf setzen und mit der restlichen Creme überziehen. Gekühlt servieren!

## Und noch ein Tipp
Mit rot gefärbtem Zucker und roten Früchten verzieren.

# Marshmallow-Kuchen

Für 8 Personen
Vorbereitungszeit: 25 Minuten
Backzeit: 5 + 45 Minuten
Ruhezeit: 2 Stunden

500 ml Milch
150 g Marshmallows
4 Eier
40 g Zucker
1 EL Wasser
125 g Butter
80 g Mehl
1 Prise Salz

Runde Backform, Durchmesser
24 cm, aus Silikon oder mit
Backpapier ausgelegt

Backofen auf 150 ° C vorheizen.

Die Milch mit den Marshmallows in einem Topf aufkochen, bis sich die Marshmallows vollständig aufgelöst haben (ca. 5 Min.). Auf lauwarme Temperatur abkühlen lassen.

Eigelb vom Eiweiß trennen. Das Eigelb mit dem Zucker und dem Wasser zu einer hellen, schaumigen Masse aufschlagen. Die Butter schmelzen und unter die Ei-Zucker-Masse mischen. Mehl und Salz einarbeiten. Noch einige Minuten weiter aufschlagen. Die Milch mit den Marshmallows unter ständigem Rühren nach und nach angießen.

Die Mischung in die gebutterte Form geben, die Oberfläche mit einem Messer glattstreichen und 45 Minuten backen.

Beim Herausnehmen ist der Teig noch etwas weich.

Bevor er aus der Form genommen werden kann, muss er daher mindestens 2 Stunden im Kühlschrank auskühlen, um fest zu werden.

## Und noch ein Tipp

Mit Puderzucker bestäuben.

Oder mit Marshmallows dekorieren, die man mit dem Bunsenbrenner leicht angeröstet hat.

# Mango-Maracuja-Kuchen

Für 8 Personen
Vorbereitungszeit: 30 Minuten
Backzeit: 50 Minuten
Ruhezeit: 2 Stunden

4 Eier
75 g Zucker
90 g Butter
95 g Mehl
180 g Maracujafrüchte
320 ml Milch
1 gut ausgereifte Mangofrucht
1 Prise Salz

Herzförmige Backform,
Durchmesser 24 cm, aus Silikon
oder mit Backpapier ausgelegt

Backofen auf 150 ° C vorheizen.

Eigelb vom Eiweiß trennen. Eigelb mit Zucker schaumig rühren.
Die Butter schmelzen und dazugeben. Anschließend das Mehl mit dem
Salz einarbeiten. Einige Minuten weiter aufschlagen. Unter ständigem
Schlagen nach und nach die Milch eingießen.

Passionsfrüchte halbieren, das Fruchtfleisch in ein Sieb geben und auf
einen Krug legen. Mit einem Silikonspachtel das Fruchtfleisch gegen
das Sieb und den Saft in den Krug pressen. Für den Kuchen sind
40 ml Saft nötig. Den Saft in den Teig geben. Eiweiß steif schlagen
und mit dem Schneebesen behutsam unter den Teig heben.

Die Mangofrucht schälen. Ein Viertel des Fruchtfleischs für die
Garnierung beiseite stellen. Den Rest in kleine Würfel schneiden.
Mangowürfel auf dem Boden der gebutterten Backform verteilen.
Den Teig darübergießen und mit einem Messer glattstreichen.
50 Minuten backen.

Beim Herausnehmen ist der Kuchen noch weich.
Bevor er aus der Form genommen werden kann, mindestens
2 Stunden in den Kühlschrank stellen, um ihn auszukühlen.
Danach ist er fest. Gekühlt servieren!

## Und noch ein Tipp

Mit Mangoscheiben und Passionsfruchtfleisch garnieren.
Man kann auch einen Guss aus 100 g geschmolzener weißer Schokolade herstellen, die man im Wasserbad mit 50 ml Sahne und etwas
orangefarbener Lebensmittelfarbe aufschlägt.

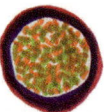

# Zauberkuchen mit Oliven, Speck & Feta

Für 10 Personen
Vorbereitungszeit: 25 Minuten
Backzeit: 50 Minuten
Ruhezeit: 2 Stunden

3 Eier
1 EL Olivenöl
100 g zerlassene, leicht gesalzene
    Butter
90 g Mehl
1 EL fein geschnittenes Basilikum
350 ml Milch
125 g grüne Oliven
125 g Speckwürfel
125 g Fetakäse
Salz, Pfeffer

Rechteckige Kastenform,
10 x 24 cm, aus Silikon oder mit
Backpapier ausgelegt

Backofen auf 150 ° C vorheizen.
Eigelb vom Eiweiß trennen. Das Eigelb mit Olivenöl und geschmolzener Butter zu einer glatten Masse aufschlagen. Anschließend Mehl, Basilikum, sowie Salz und Pfeffer nach Gutdünken einarbeiten. Einige Minuten weiter aufschlagen. Unter ständigem Rühren nach und nach die Milch dazugeben. Eiweiß steif schlagen und mit dem Schneebesen sanft unter den Teig heben.
Oliven halbieren. Auf dem Boden der gebutterten Kuchenform verteilen. Die Speckwürfel in der Pfanne kurz anbraten und über die Oliven geben.
Den in Würfel geschnittenen Feta ebenfalls darüberstreuen. Den Teig einfüllen und mit der Messerklinge glattstreichen. Für 50 Minuten in den Ofen schieben. Beim Herausnehmen ist der Teig noch weich. Bevor man ihn aus der Form nehmen kann, muss er mindestens 2 Stunden im Kühlschrank auskühlen. Erst dann ist er fest. Kalt servieren!

## Und noch ein Tipp
Zu diesem Kuchen schmeckt ein Gurkensalat.

# Feigen-Ziegenkäse-Wunder

Für 10 Personen
Vorbereitungszeit: 25 Minuten
Backzeit: 50 Minuten
Ruhezeit: 2 Stunden

3 Eier
3 EL Honig, großzügig bemessen
70 g zerlasse Butter
120 g Ziegenfrischkäse
50 g Mehl
2 Prisen Kräuter der Provence
370 ml Milch
100 g Trockenfeigen
75 g Ziegenkäse, zerbröckelt
Salz, Pfeffer

Savarin- oder Ringform,
Durchmesser 22 cm, aus Silikon
oder mit Backpapier ausgelegt

Backofen auf 150 °C vorheizen.

Eigelb vom Eiweiß trennen. Eigelb mit dem Honig und zerlassener Butter zu einer glatten Masse aufschlagen. Ziegenfrischkäse einrühren. Anschließend Mehl, dann Salz, Pfeffer und die Kräuter der Provence dazu geben. Kurze Zeit weiter aufschlagen. Unter ständigem Schlagen nach und nach die Milch angießen. Eiweiß steif schlagen. Den Eischnee mit dem Schneebesen ganz behutsam unter den Teig heben. Die Feigen kleinschneiden und den Boden der gebutterten Backform damit auslegen. Den zerbröckelten Ziegenkäse darüber streuen. Den Teig in die Backform und über die Lage aus Feigen und Ziegenkäse füllen. 50 Minuten im vorgeheizten Ofen backen.

Beim Herausnehmen ist der Kuchen noch weich und beweglich. Bevor er aus der Form genommen werden kann, muss er mindestens 2 Stunden im Kühlschrank auskühlen und damit fest werden. Kalt servieren!

## Und noch ein Tipp

Je nach Geschmack kann die Hälfte des Ziegenkäses durch Roquefort ersetzt werden.

# Senf-Quiche

Für 10 Personen
Vorbereitungszeit: 25 Minuten
Backzeit: 20 + 55 Minuten

1 Blätterteig
3 Eier
1 EL Olivenöl
85 g zerlassene, leicht gesalzene
    Butter
80 g Senf
70 g Mehl
300 ml Milch
100 g Schinkenwürfel
130 g geriebener Gruyère
10 getrocknete Tomaten
Salz, Pfeffer

Runde Tarteform, Durchmesser
27 cm

Backofen auf 180 ° C vorheizen.

Eine Quiche- oder Tarteform mit Blätterteig auslegen. Mit Backpapier bedecken und für das Blindbacken zum Beschweren getrocknete Bohnen einfüllen. 20 Minuten im vorgeheizten Ofen backen. Anschließend die Temperatur auf 150 °C einstellen.

Eigelb vom Eiweiß trennen. Eigelb mit Olivenöl und zerlassener Butter zu einer glatten Masse aufschlagen. Senf, Mehl, Salz und Pfeffer hinzufügen. Eine kurze Zeit weiter aufschlagen und dann unter ständigem Rühren nach und nach die Milch eingießen. Die Schinkenwürfel und 50 g geriebenen Gruyère untermischen. Eiweiß steif schlagen und den Eischnee mit dem Schneebesen vorsichtig unter den Teig heben. Die getrockneten Tomaten kleinschneiden und auf dem Boden der Quicheform verteilen. Die Teigmischung eingießen und den restlichen geriebenen Gruyère darüberstreuen. 55 Minuten im vorgeheizten Ofen backen.

Vor dem Anschneiden etwas abkühlen lassen. Lauwarm servieren.

## Und noch ein Tipp

Sie können den Kuchen mit fein gehobeltem Käse verzieren.